Ce livre

appartient à

L'alphabet

Suis les pointillés pour t'entrainer à écrire l'alphabet

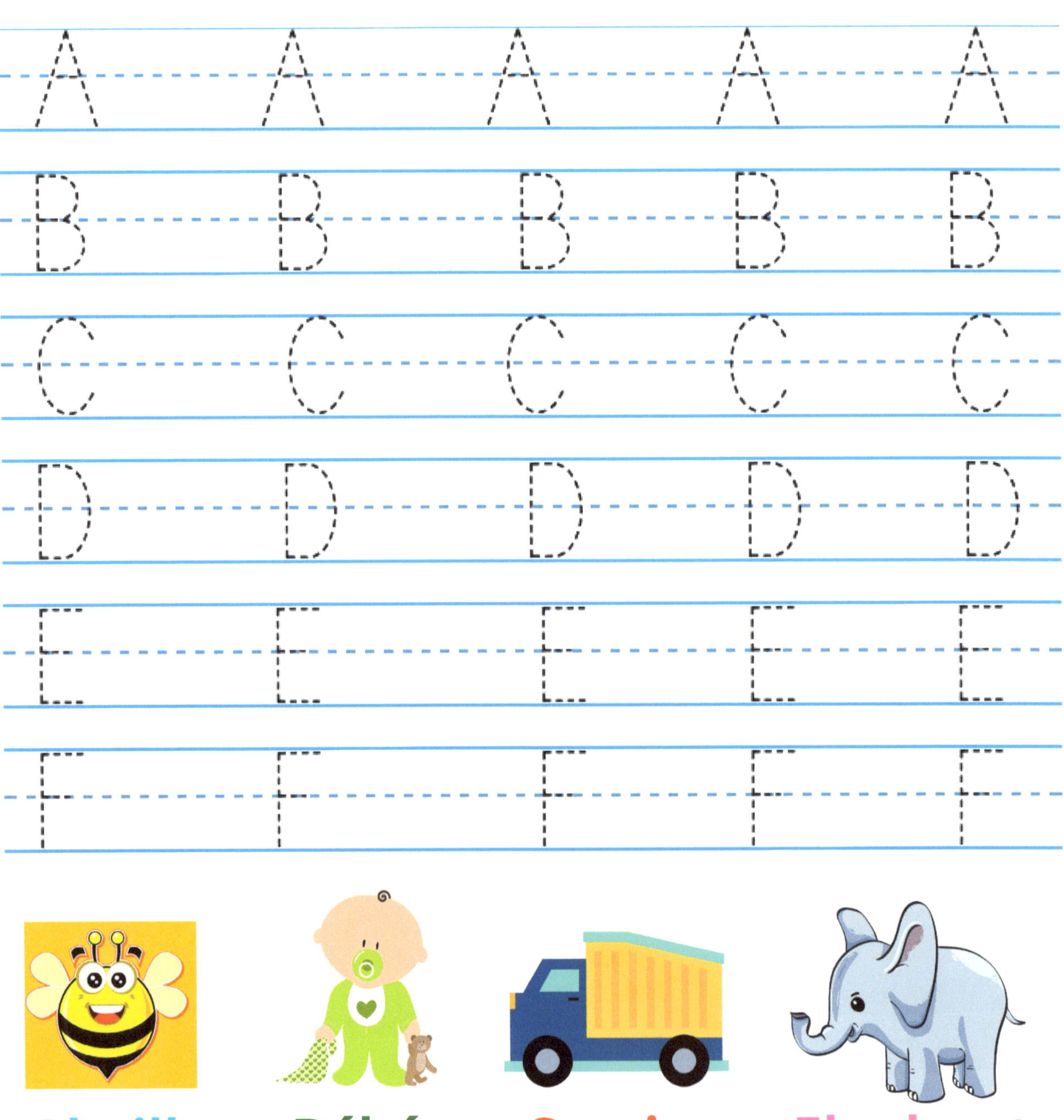

G G G G G
H H H H H
I I I I I
J J J J J
K K K K K
L L L L L
Gâteau
Hibou
Igloo
jouet
Kangourou
Lion

M M M M M
N N N N N
O O O O O
P P P P P
Q Q Q Q Q
R R R R R
Manège
Nid
Ours
Poussin
Quilles
Rat

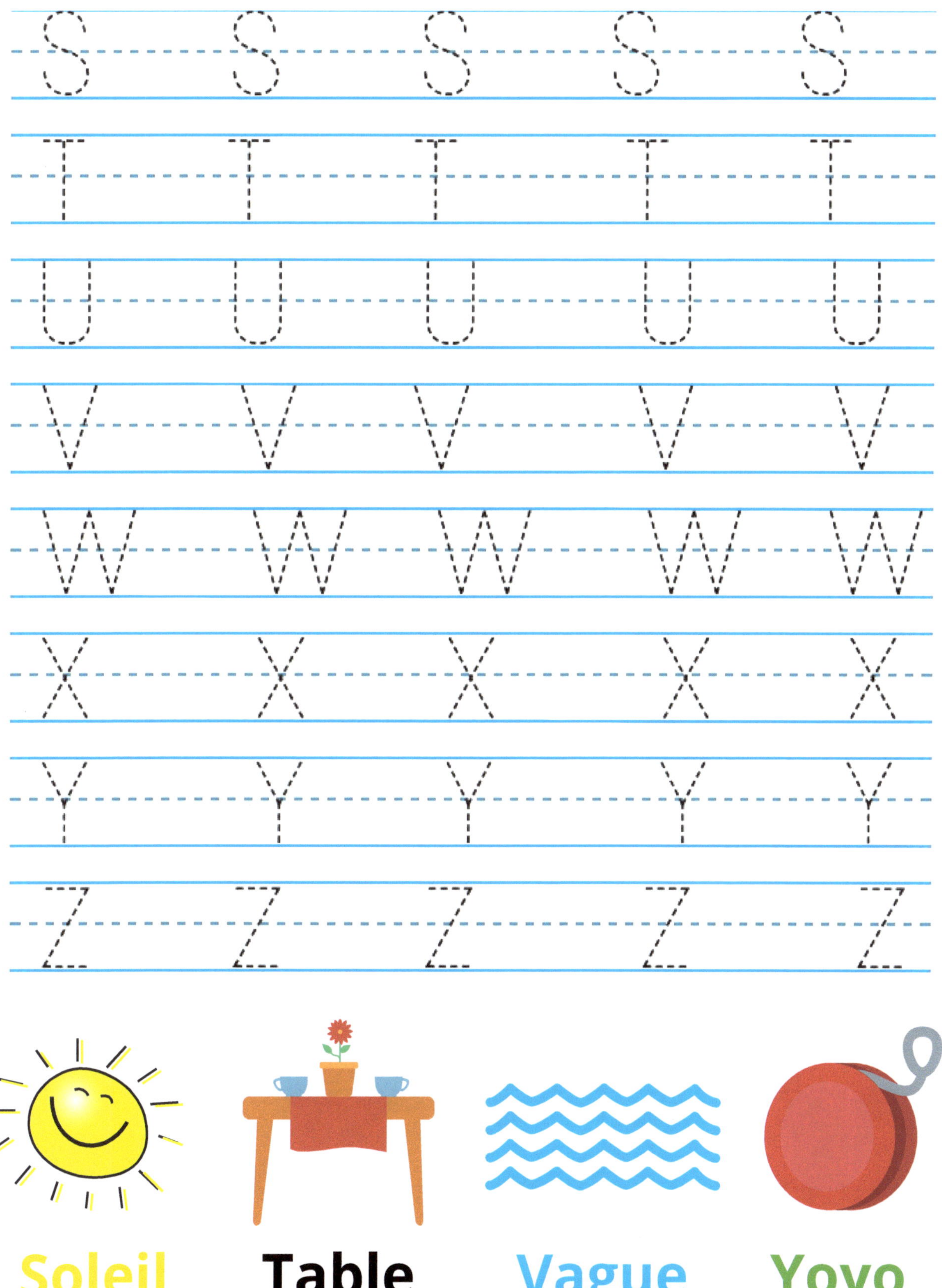

S S S S S
T T T T T
U U U U U
V V V V V
W W W W W
X X X X X
Y Y Y Y Y
Z Z Z Z Z
Soleil
Table
Vague
Yoyo

Les chiffres

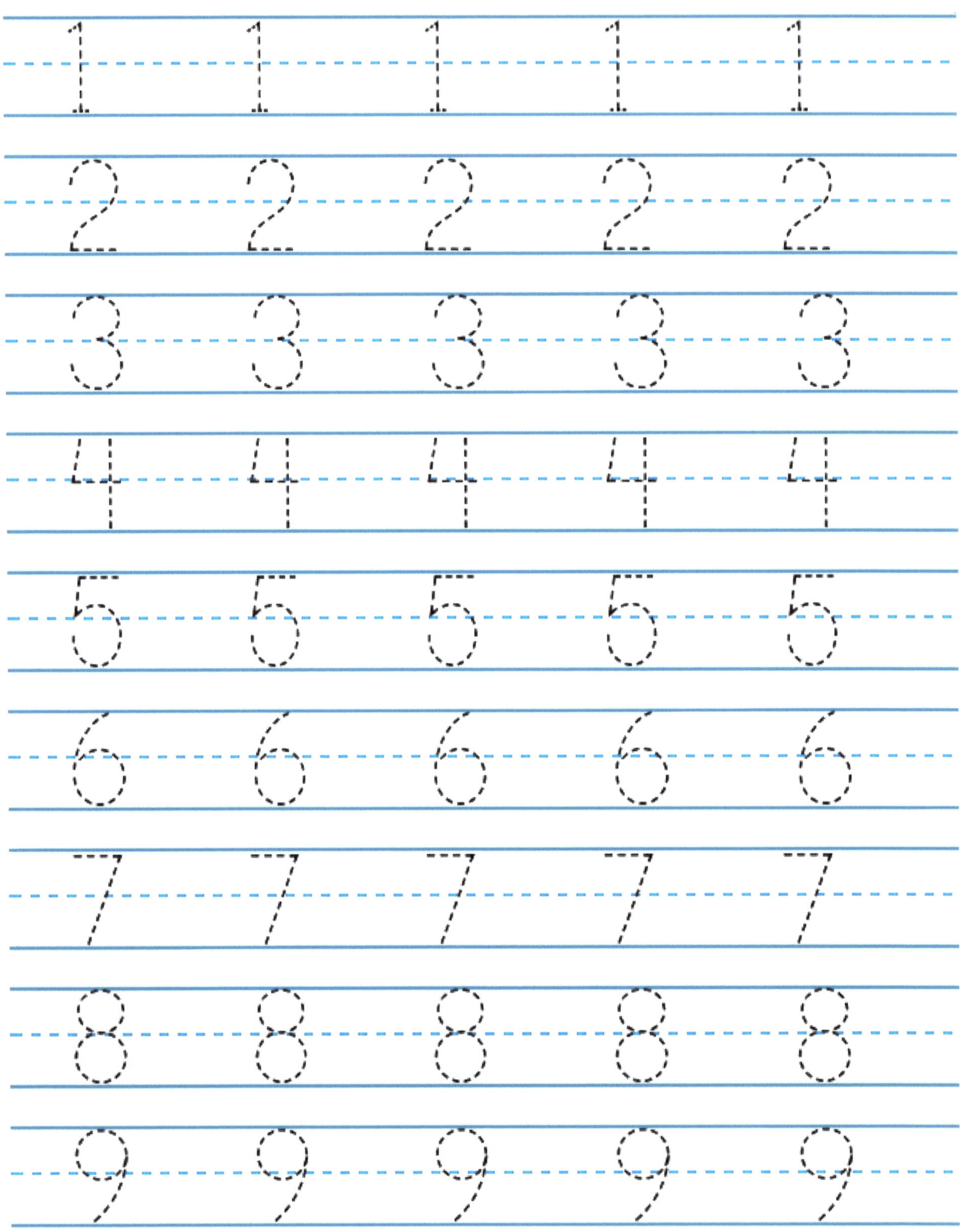

Les quantités et les nombres

1   2   3   4

Entoure le nombre qui correspond aux bougies

Entoure le nombre d'objets du carré

Entoure le nombre d'animaux du carré

Note le nombre de chaque fruit que tu as compté dans la case correspondante

Note combien de légume tu as compté dans chaque case

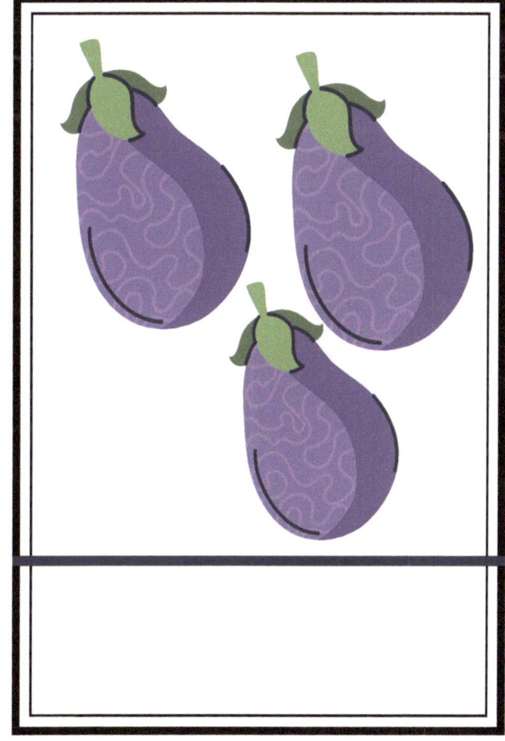

Traçage

Trace ces éléments

Apprend à tracer

suis les pointillés

Gauche & droite

Découpe et place les voitures selon leurs sens de circulation

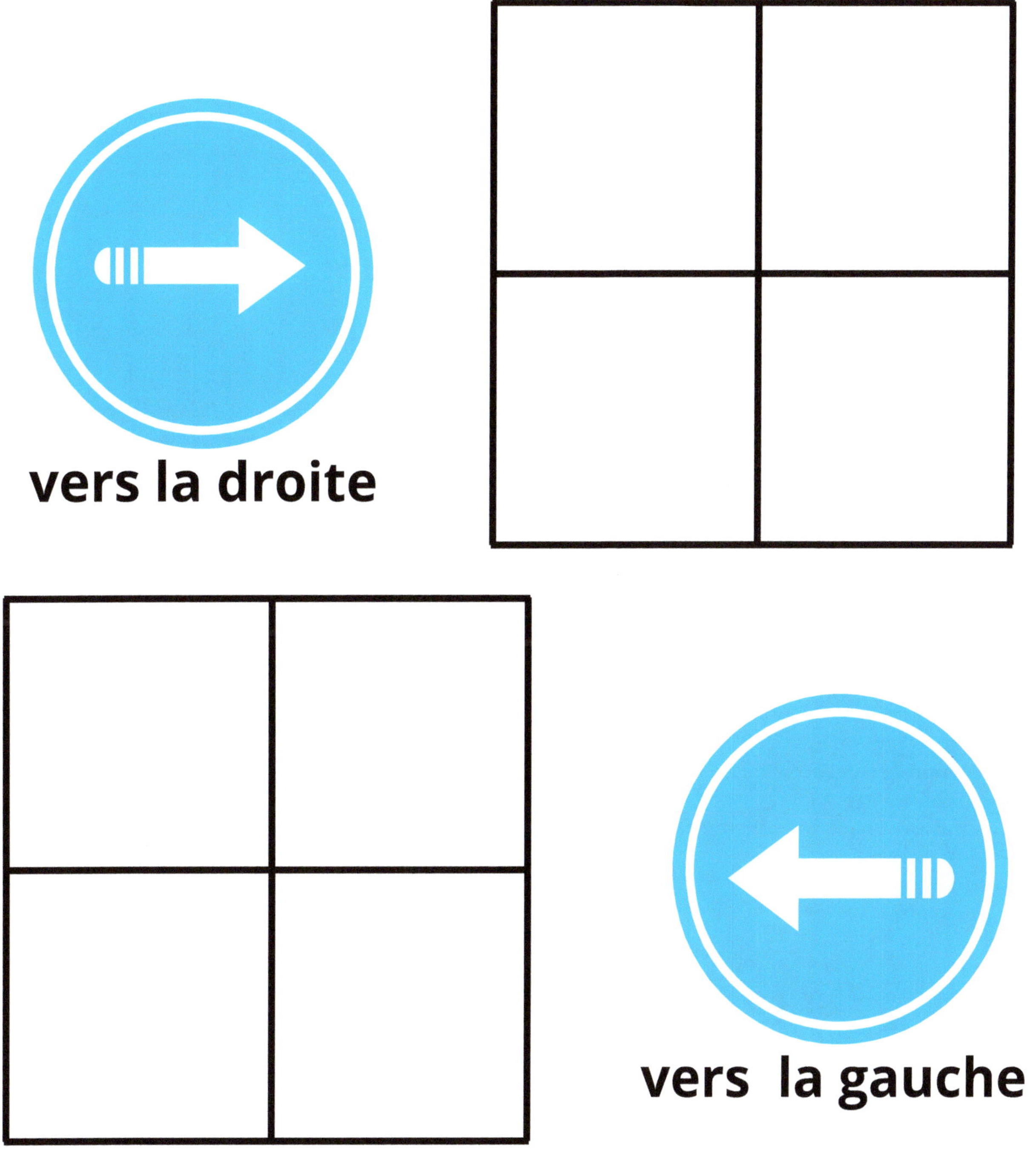

Les légumes & fruits

Découpe et place les légumes à droite et les fruits à gauche

Cartes à découper

Cartes à découper

Les contraires : Sur /sous

Colorie en **JAUNE** le chat sur la table et en **VERT** le chat sous la table/banc

Les animaux

Coche en **ROUGE** les animaux qui rampent et en **BLEU** ceux qui marchent.

Coche en **VERT** les animaux qui volent et en **ORANGE** ceux qui nagent.

Relie chaque animal à son ombre

Les formes

Relies les formes identiques

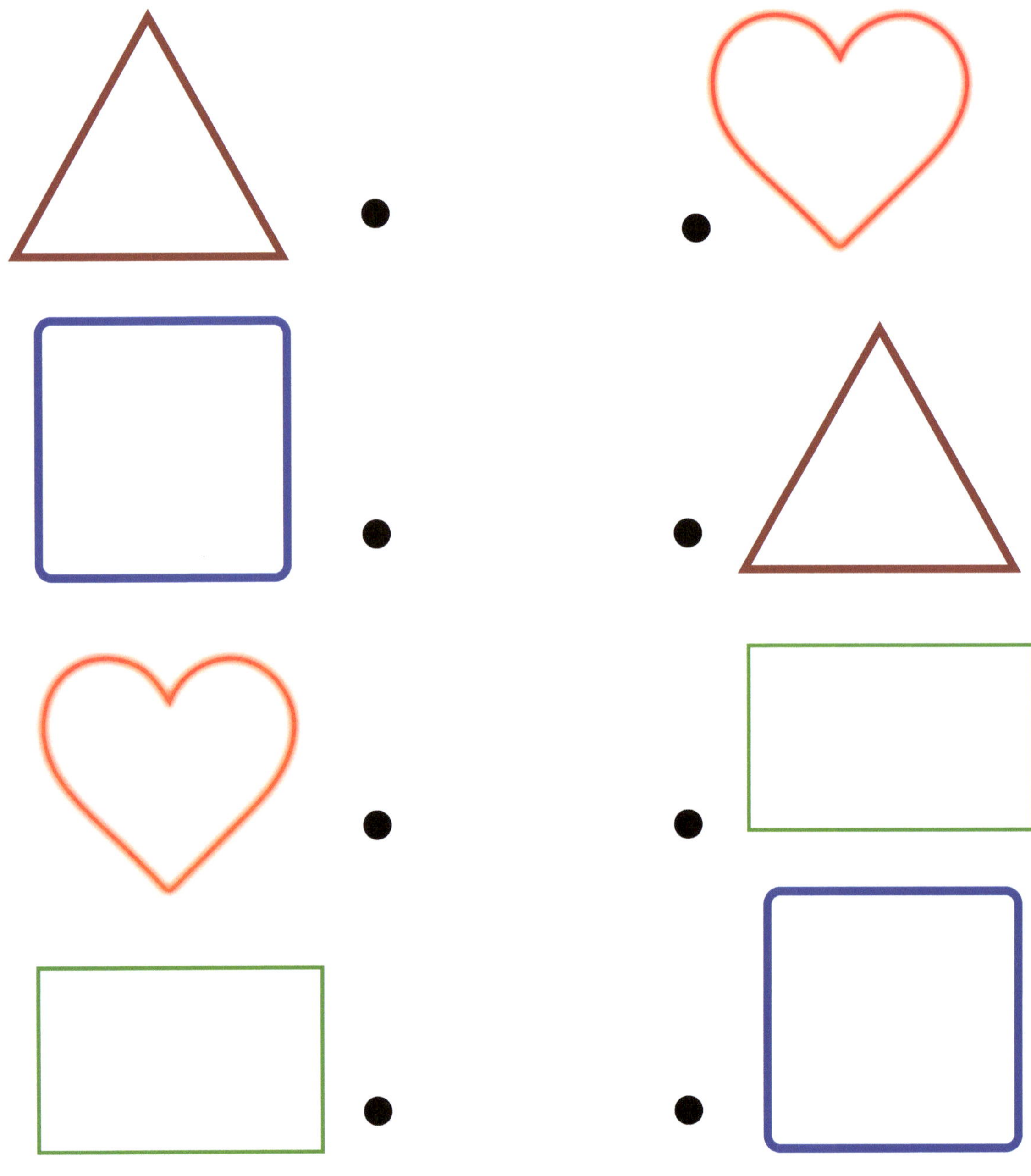

Les formes

Colories les formes de la même couleur

Dans le ciel

Trace une ligne pour relier les choses que tu as déjà vues dans le ciel.

Relie le chien à la même couleur

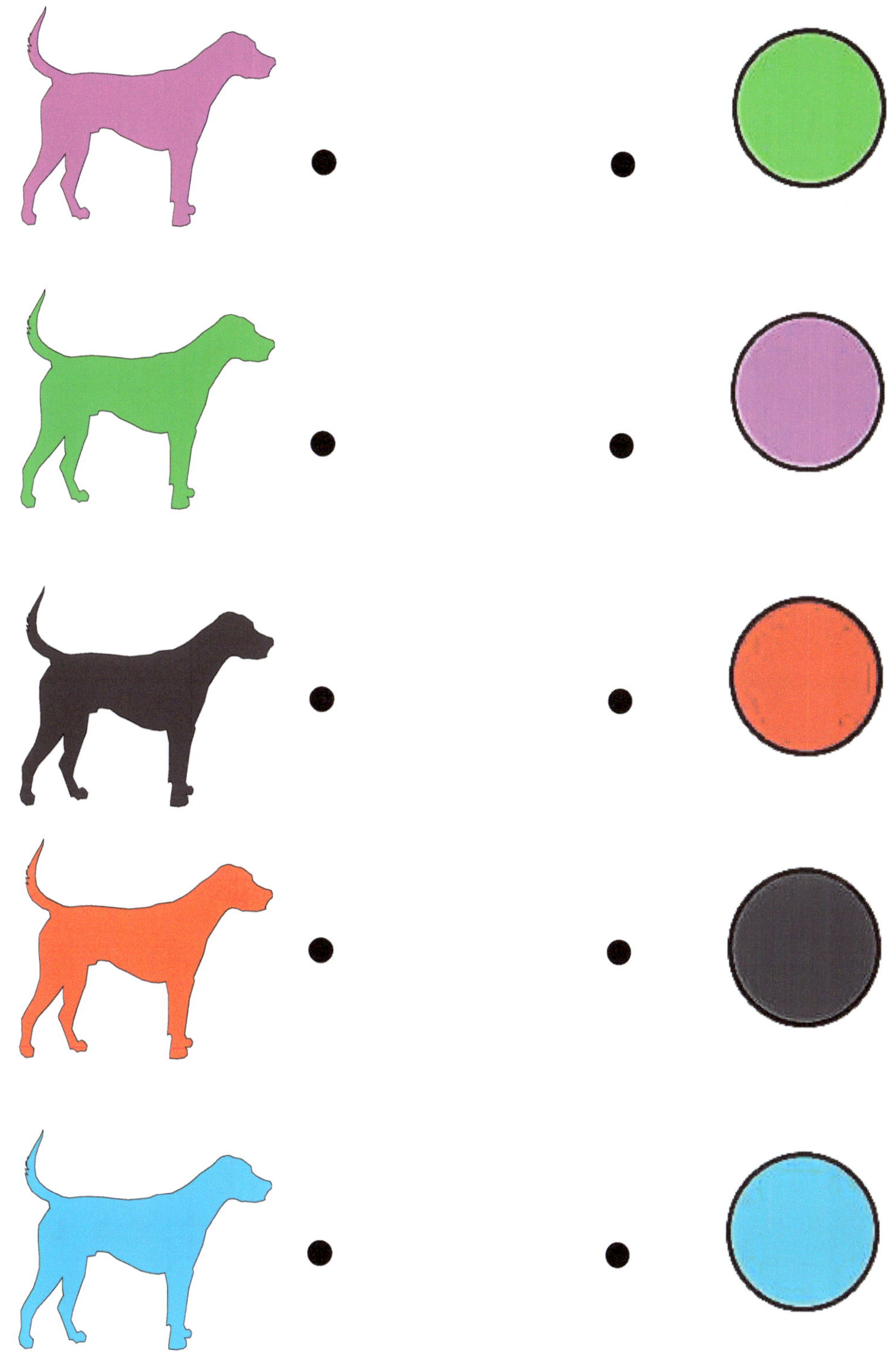

Sudoku

Grille 1:

3	4		
	2		
	1		
		4	

Grille 2:

	3	2	
	1	3	
	4		

2			4
3			2
1			

Grille 3

Grille 4

1		3	4
	1		2

Grille 5

	1	4	3
	3		2

Grille 6

1	2	4	
		2	
3			

	4		
3	2		
	1	4	

Grille 7

Grille 8

			2
3			4
	4	1	

Mots mélés

Thème Anniversaire

```
D E C O R A T I O N S A
B I S O U S O Q Z M Q H
C A D E A U X O G E X A
G V N I B A L L O N S A
I N V I T E S M C E T E
M V H C Q X M T O P G E
B B O N B O N S J E U X
J O I E E M U S I Q U E
U L A G A T E A U X E L
M B S P H O T O S E S I
```

INVITES MUSIQUE BALLONS GATEAUX

BONBONS DECORATIONS CADEAUX

BISOUS PHOTOS JOIE JEUX

Thème animaux

Je retrouve dans la grille le nom des animaux et je l'entoure

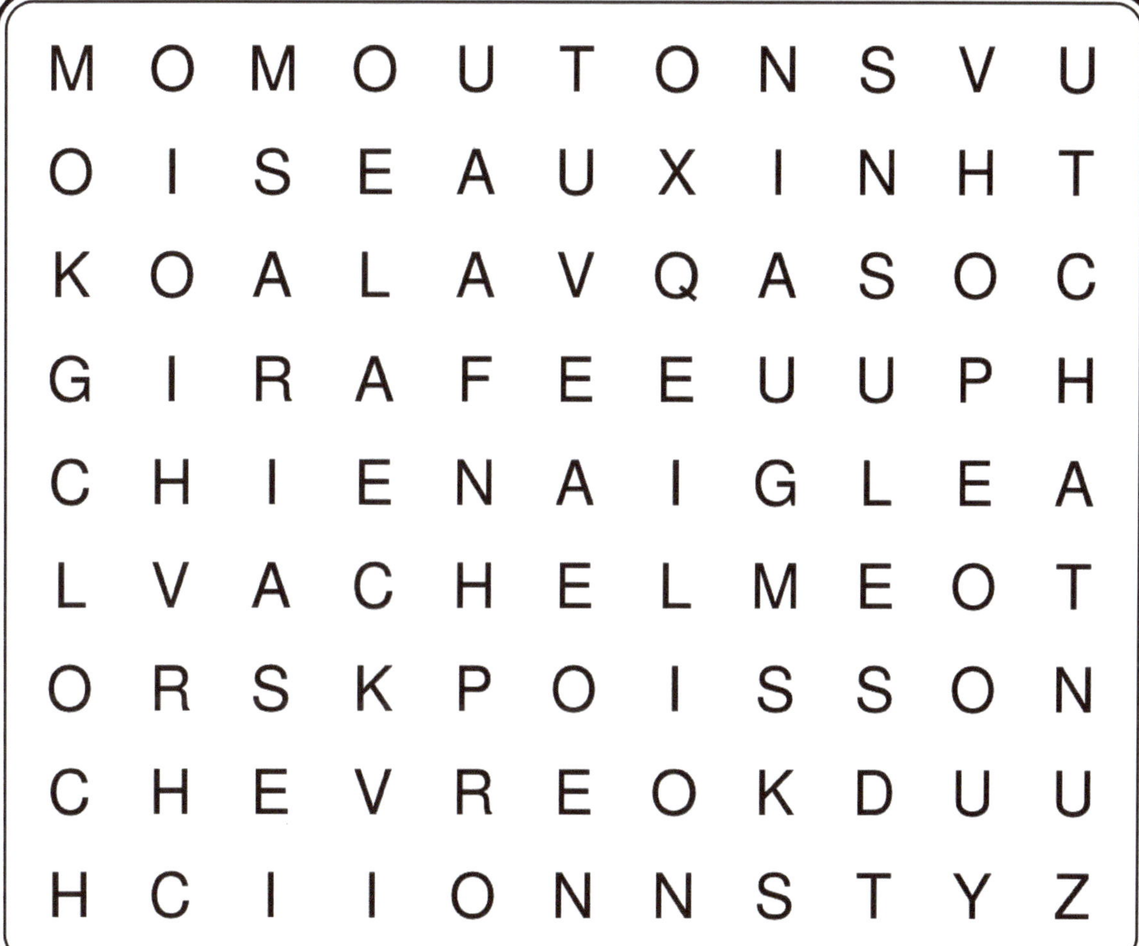

CHIEN   KOALA   GIRAFE   CHEVRE

MOUTON   POISSON   VACHE   OISEAUX

AIGLE   CHAT   LION

Thème école


```
P R I M A I R E D Y K U T
N A V C J C B N M A K P O
H C O W N Q X Z F Y J E I
E L E V E S I N P O T T L
F H E I I C A N T I N E
M A T E R N E L L E O K T
M A I T R E S S E N C J T
P A U G Y M N A S E O F E
C O U L O I R E Z T U Q S
R E F E C T O I R E R U G
P X E C L A S S E U F H P
```

PRIMAIRE   GYMNASE   COUR   TOILETTES

MAITRESSE   REFECTOIRE   MATERNELLE

CLASSE   COULOIR   CANTINE   ELEVES

Thème planète

Je retrouve dans la grille les noms ci dessous et je les entourent

```
U G C M M F M A R S J
F Z H D E T O I L E P
S A T U R N E J U M R
S O L E I L A E Z T M
T T A A E C F U S E E
E C O M E T E L U N E
R J U P I T E R T A Q
R F M L I P L U T O N
E A U T B P I D Y S N
```

JUPITER SATURNE COMETE

SOLEIL TERRE PLUTON ETOILE

LUNE MARS FUSEE

Labyrinthes

Aide le lapin à retrouver ses carottes

Aide la vache à retrouver la giraffe

Aide les deux tortues à se rejoindre

Aide la famille à rentrer chez elle

Jeux des différences

Compare ces deux images et entoure les différences

Trouve
les 4 différences

Coloriage

Dessine ce petit ourson puis colorie le

Colorie le plus petit poisson

Colorie ces dessins comme sur l'image à droite

Colorie ces arbres et feuilles

Colorie le chemin de la vache

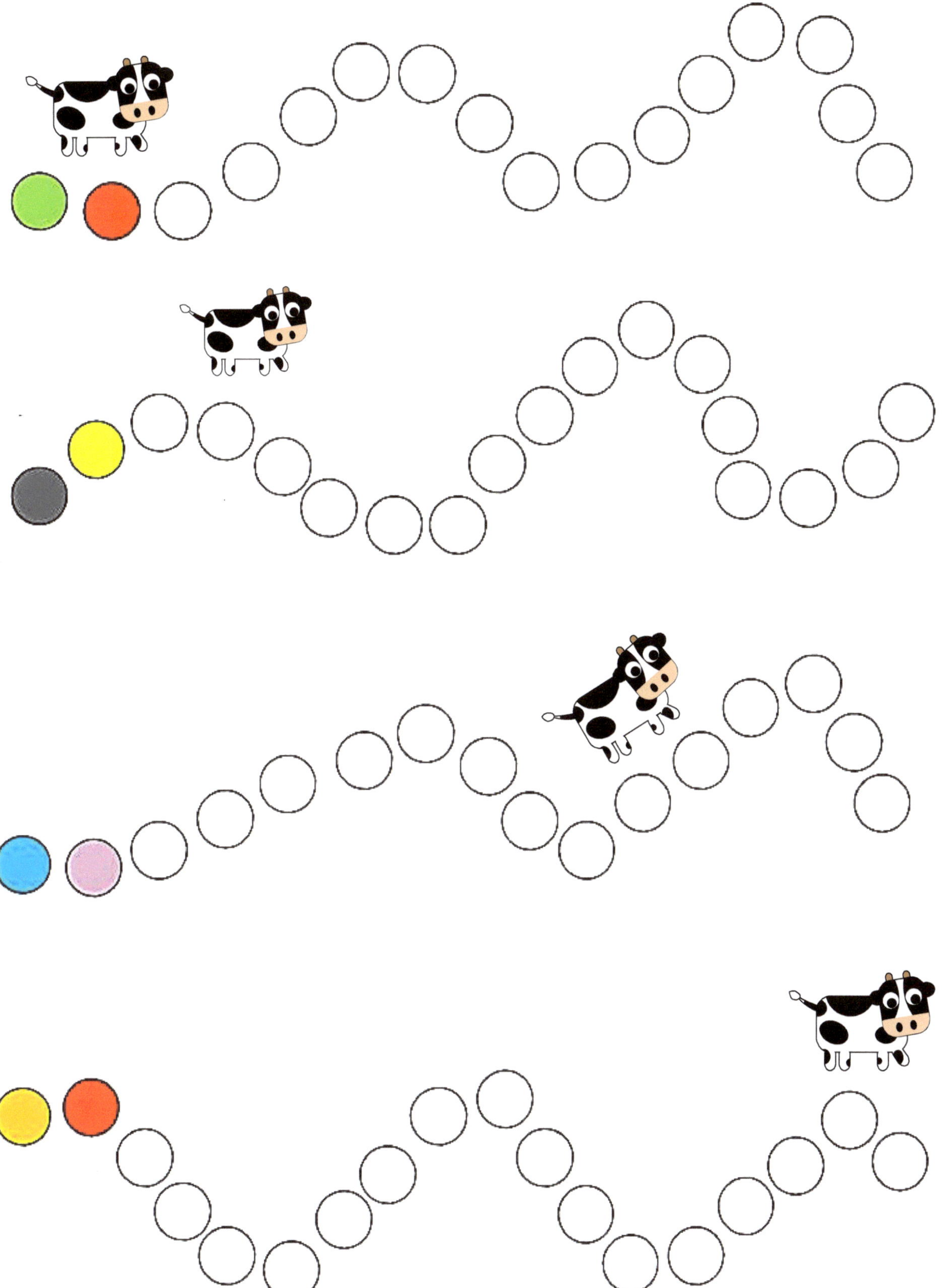

Colorie les dessins avec les couleurs indiquées

Colorie les dessins avec les couleurs indiquées

Coloriage libre

Solutions mots mélés

Anniversaire

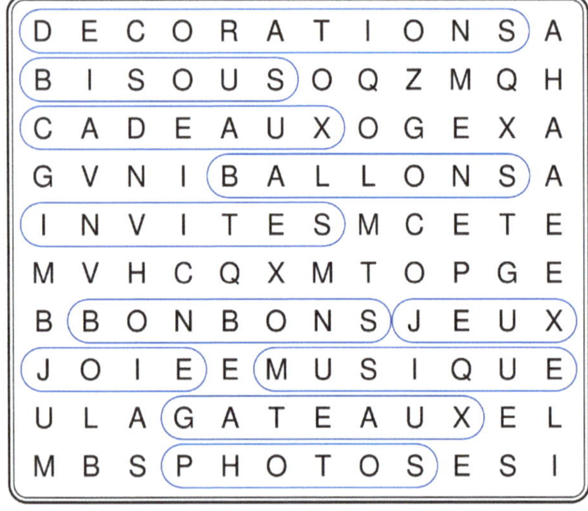

INVITES MUSIQUE BALLONS GATEAUX
BONBONS DECORATIONS CADEAUX
BISOUS PHOTOS JOIE JEUX

Animaux

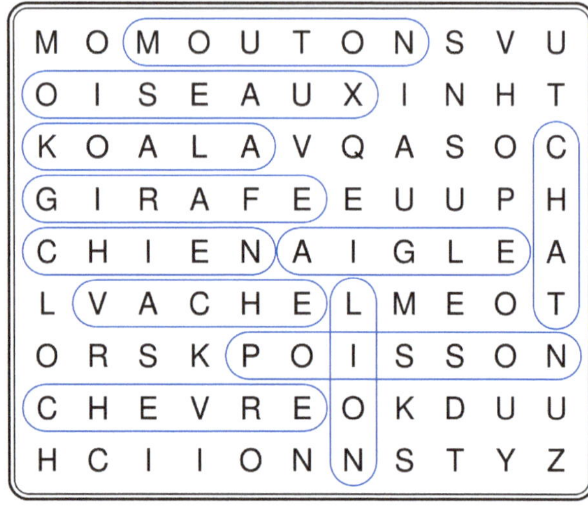

CHIEN KOALA GIRAFE CHEVRE
MOUTON POISSON VACHE OISEAUX
AIGLE CHAT LION

Ecole

PRIMAIRE GYMNASE COUR TOILETTES
MAITRESSE REFECTOIRE MATERNELLE
CLASSE COULOIR CANTINE ELEVES

Planète

JUPITER SATURNE COMETE
SOLEIL TERRE PLUTON ETOILE
LUNE MARS FUSEE

Solutions sudoku

#1

	A	B	C	D
1	3	4	1	2
2	1	2	3	4
3	4	1	2	3
4	2	3	4	1

#2

	A	B	C	D
1	1	2	4	3
2	4	3	2	1
3	2	1	3	4
4	3	4	1	2

#3

	A	B	C	D
1	2	1	3	4
2	3	4	1	2
3	1	2	4	3
4	4	3	2	1

#4

	A	B	C	D
1	1	2	3	4
2	4	3	2	1
3	2	4	1	3
4	3	1	4	2

#5

	A	B	C	D
1	3	4	2	1
2	2	1	4	3
3	4	3	1	2
4	1	2	3	4

#6

	A	B	C	D
1	1	2	4	3
2	4	3	2	1
3	3	4	1	2
4	2	1	3	4

#7

	A	B	C	D
1	1	4	3	2
2	3	2	1	4
3	4	3	2	1
4	2	1	4	3

#8

	A	B	C	D
1	1	3	4	2
2	4	2	3	1
3	3	1	2	4
4	2	4	1	3

Devinettes

Comment appelle-t-on un rat qui en a assez ?

Pourquoi les éléphants mettent-ils des lunettes noires ?

Quel est le dessert préféré de la poule ?

Réponses : un ras-le-bol.

Pour passer inaperçue

La mouche au chocolat

Merci les amis et à bientôt !